Amigas para siempre

por Rebecca Motil
ilustrado por Laurel Aiello

Harcourt

Orlando   Boston   Dallas   Chicago   San Diego

Visita *The Learning Site*
www.harcourtschool.com

Marisa bajó del carro de un salto. ¡Al fin estaba en un campamento donde se quedaría a dormir! Estaría allí durante dos semanas enteras. Estaba tan entusiasmada que no podía esperar que se fueran sus padres.

Clara, la líder del grupo de Marisa, se acercó para conocerlos. Los llevó a conocer todo el campamento. Dijo que Marisa estaría en la cabaña 5.

Pronto llegó la hora de que se fueran las familias. La madre y el padre de Marisa la abrazaron. Marisa los observó mientras se alejaban en el carro. Ahora dos semanas sin ellos parecía mucho tiempo. Empezó a sentirse rara.

Clara tomó a Marisa de la mano.

—Ven conmigo —dijo ella—. Te mostraré la cabaña 5.

Clara era muy agradable, Marisa empezó a sentirse mejor. Caminaron juntas hasta la cabaña.

La cabaña 5 era una cabaña pequeña de madera. En su interior había seis literas donde dormirían las doce campistas. También había una cama normal para Clara.

Clara le señaló a Marisa su litera. A Marisa le tocaba la litera de abajo.

—Ésta es Susana —dijo Clara—. Ella ocupa la litera de arriba.

Marisa sonrió. Susana también le sonrió.

—Hola —le dijo.

—Comemos a las seis. Ahora son las cinco —dijo Clara—. Tienes tiempo de prepararte. Aquí está tu armario. —Se dio vuelta para saludar a otra niña.

Marisa acomodó sus cosas en el armario. Susana bajó y guardó su ropa también. Luego ayudó a Marisa a acomodar su bolsa de dormir en su litera.

Las dos niñas se pusieron a hablar. Descubrieron que las dos tenían la misma comida preferida: pizza. A ninguna le gustaba la leche chocolatada, pero a ambas les encantaba el queso. En la escuela, ambas tenían predilección por las matemáticas. Para las seis, al llegar la hora de comer, ¡eran buenas amigas!

La cena fue un banquete. Comieron perros calientes asados a las brasas. Marisa comió dos mazorcas de maíz. ¡Susana comió tres!

—¡Qué lástima que no te guste el maíz! —dijo Marisa.

—¡Cierto! No podemos ser amigas —dijo Susana. Ambas se rieron.

—Supongo que también te disgusta la sandía —dijo Marisa.

—Así es, ¿y a ti? —preguntó Susana.

—A mí también —se rió Marisa.

Susana recorrió con la mirada el alegre grupo.

—¡Nunca había comido nada que se cocinara así! —dijo ella.

Marisa asintió con la cabeza. —Tampoco yo —dijo ella —¡Es estupendo! ¿verdad?

—¡Sí! —dijo Susana—. Aunque la pizza sigue siendo mi preferida.

—La mía también —dijo Marisa.

—¿Qué crees que hagamos ahora? —preguntó Susana.

—No lo sé —dijo Marisa—. Quizá cantemos.

Las líderes del grupo apagaron el fuego. El sol se puso detrás de las colinas. Oscureció rápidamente.

Susana señaló el cielo.

—Mira —dijo ella—. Salieron las estrellas.

Marisa miró hacia arriba. Las estrellas parecían más brillantes que nunca.

—Parecen diamantes —dijo ella—. Igual que en la canción. —Marisa empezó a cantar: "Brilla, brilla, estrellita".

Clara vio que las niñas contemplaban el cielo. Se les acercó y se sentó con ellas.

—Miren allí —dijo ella. Las niñas miraron hacia donde señalaba Clara—. Esas estrellas se llaman las Tres Hermanas.

Marisa contó las tres. —¡Una, dos, tres! ¡Igual que nosotras!

—¡Sí! —dijo Susana. Las niñas se miraron y rieron.

—¿Cómo sabes tanto sobre estrellas? —le preguntó Marisa a Clara.

—Tengo un mapa de estrellas en la cabaña, —dijo Clara.

Al regresar a la cabaña, Clara les mostró a todas las niñas su mapa de estrellas. Señaló las Tres Hermanas y otra constelación llamada Draco, el Dragón.

—Aquí está una que conocen —dijo Clara. Señaló la estrella polar—. Cristóbal Colón usó la estrella polar para ayudarse a cruzar el océano Atlántico. Sirvió para mostrarle dónde estaba el norte. Nos sigue señalando el norte —dijo Clara.

Mapa de estrellas

En el transcurso de un año, la Tierra da la vuelta al sol una vez. En un año, la gente observa que las estrellas cambian de lugar en el cielo. Este mapa de estrellas muestra el cielo sobre Estados Unidos a las nueve de la noche el 15 de julio.

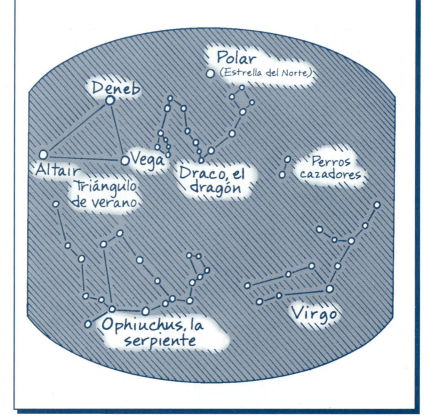

Las dos semanas en el campamento pasaron rápidamente. Las campistas hicieron excursiones. A veces hacían caminatas por el bosque. Una vez hicieron un paseo hasta más allá de un desfiladero.

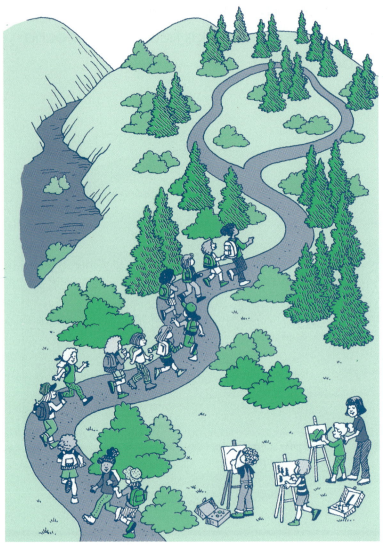

Todos los días nadaban en el lago. Marisa era una buena nadadora. Se enorgullecía de su habilidad al nadar. Susana no era tan hábil para la natación. Marisa intentó ayudarla tanto como pudo.

Las niñas también hicieron arte y manualidades. Pintaron cuadros, tejieron tapetes, incluso hicieron cosas de arcilla. Tanto Marisa como Susana hicieron una vasija de arcilla.

Cada noche, levantaban la vista para mirar el cielo estrellado. Usaban el mapa de estrellas de Clara para hallar estrellas especiales y constelaciones. Descubrieron la Osa Mayor y la estrella polar.

La última noche de campamento, el cielo estaba nublado. Marisa y Susana miraron el cielo y esperaron, pero las nubes no se iban.

—Esta noche no veremos las estrellas —dijo Marisa.

—Ni siquiera la estrella polar —dijo Susana asintiendo—. Y sin embargo sigue estando allí —dijo ella.

—Sí, detrás de las nubes —dijo Marisa—. Siempre está.

Las dos amigas se quedaron sentadas durante un rato. Luego Marisa dijo:

—Te voy a extrañar.

—Yo también te extrañaré —dijo Susana—. En casa puedo contemplar las estrellas. Pensaré en ti en ese momento.

—Claro —dijo Marisa—. Yo también contemplaré las estrellas. Pensaré en ti cuando lo haga.

—¡Mira! —gritó Susana, señalando el cielo—. Se han despejado las nubes. ¡Allí está la estrella polar!

Marisa sonrió.

—Seremos amigas mientras brille la estrella polar —dijo ella.

—Eso será para siempre —dijo Susana asintiendo.

Al día siguiente vinieron los padres de Marisa para llevársela a casa.

—¿Qué hiciste? —preguntaron su madre y su padre.

—Me divertí mucho —dijo Marisa—. Hice excursiones, nadé e hice cosas. Todas las noches, contemplaba las estrellas. Aprendí que las estrellas y las amigas son para siempre.